DOCUMENTS

POUR SERVIR

A L'HISTOIRE DE NOS MŒURS

Cette collection, publiée par Lorédan Larchey, est exclusivement composée de documents originaux.

Il est mis en vente quatre cents exemplaires de chaque publication.

Parus :

MANUSCRIT DE FÉVRIER 1848
MANUSCRIT DE JUIN 1848
LES TUILERIES EN FÉVRIER 1848
CARNET DE LA COMTESSE DE L.

A paraître :

NOTES D'UN AGENT
AUTOGRAPHES SÉRIEUX ET COMIQUES

IMPRIMÉ EN JUILLET 1868

PAR ÉMILE VOITELAIN ET Cie

DOCUMENTS

POUR SERVIR A L'HISTOIRE DE NOS MŒURS

LES TUILERIES

EN FÉVRIER 1848

1° Relation d'un officier d'artillerie;
2° Relation du garde national Cosmène;
3° Rapport d'un anonyme.

A LA LIBRAIRIE

FRÉDÉRIC HENRY, AU PALAIS-ROYAL

GALERIE D'ORLÉANS, 12

RELATION

d'un officier d'artillerie

Cette première relation paraît avoir été écrite par un officier supérieur attaché à l'état-major de la division, témoin qui fut à portée de se rendre compte des choses et qui s'est contenté de les résumer très-simplement et très-rapidement sans vouloir les apprécier. Au point de vue historique, je n'ai pas besoin d'ajouter que son récit jette une lumière fort utile sur les causes qui ont fait entrer sans coup férir la Révolution aux Tuileries.

Depuis le 22, je n'ai pas quitté les Tuileries, la place du Carrousel et les bureaux de l'état-major général de la garde nationale (occupés aujourd'hui par le Ministère de la Maison de l'Empereur).

On a fait de ces bureaux le centre des opérations, le point sur lequel les rapports des chefs de corps et de service viennent se centraliser. De là, partent tous les ordres pendant que l'émeute gronde dans Paris.

Deux batteries d'artillerie se tiennent au Carrousel, attelées et prêtes à marcher.

Les autres troupes stationnent sur les places et dans les carrefours.

Leurs chefs n'ayant pas carte blanche pour agir avec vigueur, demandent de toutes parts, dès que leur position devient critique, des instructions au quartier général. Alors, on leur en expédie de plus ou moins tardives par un officier d'état-major désigné à tour de rôle, escorté d'un seul cavalier d'ordonnance.

Ce service est périlleux. Dans le parcours, l'officier se trouve arrêté par divers obstacles; il est injurié et quelquefois maltraité. J'en ai vu revenir un sans épaulettes, n'ayant dû son salut qu'à des gardes nationaux accourus à son secours.

Péril inutilement affronté d'ailleurs; — presque toujours, quand l'officier d'état-major arrive à destination, l'ordre dont il est porteur n'a plus d'opportunité, n'est plus applicable, car les choses ont eu grandement le temps de changer de face, depuis que les instructions ont été demandées à l'état-major général.

La révolution peut donc marcher à l'aise devant des troupes manquant d'une direction supérieure énergique, restant bivouaquées, fatiguées et presque inactives sur le pavé de Paris.

Cependant le Roi, resté aux Tuileries, vient de temps en temps à l'une des fenêtres du palais, pour observer ce qui se passe au dehors. Il est à cette fenêtre dans l'après-midi du 23 février, au moment où je viens informer le Prince que la colonne du général Garraube n'a pas rencontré d'opposition sérieuse dans la mission qu'elle avait à remplir.

« Y a-t-il eu effusion de sang ? me demande vivement le Roi.

— Je ne le crois pas, Sire, car il en serait question dans la dépêche du général.

— Eh bien! venez avec moi. »

Et je passe sur l'invitation du Roi dans une pièce voisine où se tenait la Reine, visiblement émue.

« Colonel, veuillez répéter à la Reine ce que vous venez de me dire. »

Après m'avoir laissé parler, il ajouta :

« Tu le vois, mon amie, tu as tort de t'inquiéter. Ce n'est rien, absolument rien. »

Le Roi me fait inviter à dîner pour le même jour.

A ce dîner, le dernier qu'il doit faire aux Tuileries, Louis-Philippe ne semble pas inquiet; il croit triompher facilement de l'émeute, comptant pour cela beaucoup trop sur le dévouement de la garde nationale parisienne. Personne n'ose le désabuser. Les convives, en grand nombre, sont soucieux, et leur appétit s'en ressent. On vient m'offrir du jambon. Je refuse pour accepter ensuite, sur l'insistance du valet qui me dit :

« C'est Sa Majesté qui l'a coupé! »

Il paraît que Louis-Philippe ne laisse à personne le soin de découper le jambon servi sur sa table; il le taille en belles tranches minces avec une rare dextérité.

On passe dans le salon pour prendre le café, et les conversations particulières s'engagent à voix basse. Inutile d'en dire le sujet. On déplore généralement la sécurité du Roi dans une crise aussi grave. Un chef de bataillon de la garde nationale, ancien militaire de l'Empire, nous déclare bien nettement que Sa Majesté ne trouvera aucun appui dans la garde nationale dont la grande majorité se prononce pour la Réforme. Nous l'invitons à en avertir, sinon le Roi, du moins l'un des Princes présents à la soirée, ce qu'il fait immédiatement.

Je passe au quartier général cette nuit du 23 au 24 février, nuit si féconde en graves incidents.

Il n'arrive que des rapports très-alarmants. Tout le monde fatigué, mécontent, succombe de sommeil, lorsque, vers deux heures du matin, on annonce que le maréchal Bugeaud prend, par ordre du Roi, le commandement des gardes nationales et des troupes.

Chacun se lève et s'écrie : « Bravo ! nous allons en finir ! »

Après s'être arrêté peu de temps au Carrousel, le maréchal ne tarde pas à monter. Il s'assied au bureau, et s'adressant au général Tiburce Sébastiani, commandant la première division militaire, il lui demande quelques détails sur la répartition de l'armée dans Paris.

« Je ne veux pas, dit-il, d'une
« dissémination par petits paquets.
« Il me faut trois fortes colonnes,
« agissant vigoureusement, ba-

« layant partout l'émeute, sans
« attendre qu'on les attaque : la
« première dans le quartier du
« Panthéon ; la deuxième vers
« l'Hôtel-de-Ville; la troisième le
« long des boulevards intérieurs.
« Quel est le général qui com-
« mande au Panthéon ?

« — C'est le général Renault (l'A-
« fricain).

« — Il faut l'y laisser... La colonne
« des boulevards sera sous les or-
« dres du général Bedeau. — Gé-
« néral Sébastiani, voulez-vous le
« commandement de la colonne
« de l'Hôtel-de-Ville ?

« — A vos ordres, Monsieur le
« maréchal. »

Plusieurs officiers qui ont fait la guerre en Algérie accourent offrir leurs services. Parmi eux se trouve le général Saint-Arnaud, à qui est immédiatement confié le commandement d'une petite colonne d'infanterie, sans matériel d'artillerie, dirigée vers le boulevard en passant par la rue de Richelieu.

Le maréchal a, dès son entrée, posé sur le bureau sa montre (une ancienne montre de famille).

« Il est deux heures, dit-il en
« la consultant; il faut attaquer
« partout à quatre heures du ma-
« tin, sans attendre l'agression des
« émeutiers. »

Dans la nuit, se présentent les Princes et plusieurs personnages politiques, entre autres M. Thiers.

Après s'être entretenu à mi-voix avec lui, et au moment où M. Thiers s'éloignait, le maréchal ajoute à voix haute :

« *Vous le formerez!* »

On croit comprendre que ces mots concernent M. Odilon Barrot, chargé avec M. Thiers de la formation d'un nouveau **cabinet**.

Le 24, à la pointe du jour, le maréchal Bugeaud descend au Carrousel pour reconnaître la position des troupes; il prescrit quelques modifications pour la défense des abords des Tuileries.

L'artillerie qui était au Carrousel entre dans la cour, afin que la place reste libre pour mettre l'infanterie dans un ordre de bataille qui lui permette de bien *jouir de tout son feu (sic)*. Il ordonne de délivrer aux soldats un certain nombre de balles libres, en outre des paquets de cartouches dont ils sont nantis, pour qu'ils puissent, au besoin, glisser deux balles au lieu d'une sur la charge du fusil.

On annonce une députation de notables habitants du quartier Saint-Martin, où était arrivée la colonne Bedeau, qui se disposait à enlever une grande et formidable barricade.

L'un deux, très-ému, prend la parole au nom de tous; voici à peu près ses paroles :

« M. le maréchal, nous venons vous supplier de retirer vos troupes, afin d'éviter une grande effusion de sang. Nous avons l'intime conviction que si le peuple savait que MM. Thiers et Odilon Barrot sont appelés à former un nouveau ministère, tout rentrerait dans le calme. La garde nationale seule suffirait pour maintenir l'ordre. »

— C'est votre idée, répond assez brusquement le maréchal; mais qui me garantira ce retour à la tranquillité ?

— Il est vrai que je suis trop peu de chose pour obtenir votre confiance; mais j'ai des amis qui répondront de ce que j'avance et qui ont l'honneur d'être connus de vous. »

Plusieurs noms sont alors cités;

je n'ai retenu que celui de M. Lestiboudois.

La députation ne s'est pas encore éloignée quand le duc de Nemours entre et vient parler à l'oreille du maréchal. Celui-ci se retourne du côté des officiers qui sont dans le bureau, il les invite à prendre des plumes et leur dicte un ordre laconique à envoyer sur les points occupés, et d'après lequel toutes les troupes devaient se retirer sur le Carrousel, laissant à la garde nationale le soin d'assurer le service.

En même temps, des avis manuscrits sont confiés à des commissaires de police pour les placarder dans Paris, afin d'informer le peuple que le Roi, usant de sa prérogative constitutionnelle, avait chargé MM. Thiers et Barrot de composer un nouveau cabinet, et qu'il avait donné au maréchal duc d'Isly le commandement en chef de la garde nationale et des troupes.

Suivant les ordres expédiés, les troupes abandonnant leurs positions, se replient sur le Carrousel, à l'exception de celles que les insurgés tiennent bloquées dans leurs casernes ou dans leurs corps-de-garde.

Suivi de ses fils les ducs de Nemours et de Montpensier, du maréchal Bugeaud et d'un nombreux état-major, le Roi monte à cheval pour passer la revue des troupes ainsi que des gardes nationaux. Il est accueilli par des cris nombreux de « Vive le Roi ! » partant de l'armée. Mais la majorité de la garde nationale, sur laquelle il comptait tant, lui crie : « Vive la Réforme. »

Cependant, les choses ne tournaient point au calme, comme l'avait avancé l'envoyé du quartier Saint-Martin.

Au contraire, l'insurrection n'étant plus endiguée, déborde menaçante, suivant de près nos troupes et convergeant vers les Tuileries. Sa tête de colonne arrive contre le quartier général, même avant la fin de la revue des troupes.

Déjà, les insurgés entouraient le perron qu'ils allaient gravir; l'un d'eux, prêt à faire usage de son arme chargée, avait pénétré dans le vestibule, au moment où je venais d'y descendre avec un chef d'escadron d'état-major. Il nous est facile de désarmer cet homme et de l'enfermer dans une pièce voisine, tandis que le maréchal ayant aperçu de loin l'apparition des premiers insurgés, se lance au trot sur eux et leur fait une allocution énergique qui, pour le moment, les détourne de leur projet.

De nouveau, la fusillade se fait entendre dans les environs et particulièrement du côté du Palais-Royal.

Les circonstances s'aggravant à chaque seconde, bien des personnes marquantes dans les chambres, dans la magistrature et dans l'armée accourent aux Tuileries, pour entourer le Roi qui, désabusé, abdique en faveur de son petit-fils.

Dans la cour du palais, le maréchal Bugeaud était resté à cheval, escorté de son état-major et de plusieurs officiers. Un lieutenant des grenadiers de la garde nationale, très-reconnaissable à son bonnet à poil, s'était joint à eux.

La fusillade devenant de plus en plus vive et commençant à gagner le Carrousel, on voulut annoncer au plus tôt l'abdication du Roi aux insurgés du Palais-Royal. Le maréchal Bugeaud avait résolu de se porter lui-même sur ce point, lorsque le lieutenant de la garde nationale lui dit :

« N'y allez pas, M. le Maréchal, n'y allez pas, je vous en conjure, il pourrait en résulter un grand malheur. On vous estime comme guerrier, mais votre nom est impopulaire. Il nous faudrait quelqu'un comme le maréchal Gérard, ayant la confiance du peuple. »

On alla chercher le maréchal Gérard qui se trouvait dans ce moment auprès du Roi; il se rendit de suite au vœu exprimé. Il était en habit de ville. On lui choisit un cheval très-doux parmi les montures des officiers présents dans la cour. Puis il se dirigea vers le Palais-Royal en passant sur le Carrousel. A quelques pas en avant, deux officiers de l'état-major de la garde nationale agitaient leurs chapeaux, faisant signe de respecter le maréchal que les balles auraient pu atteindre dans son trajet.

Sa mission n'eut pas de succès.

Les insurgés exigèrent l'abdication écrite.

Le général Lamoricière la leur porta écrite et signée par le Roi.

Ils la prirent et la gardèrent, mais n'en continuèrent pas moins leur feu.

Le général fut blessé, le capitaine du génie Riffault, officier d'ordonnance du duc de Montpensier, qui faisait momentanément dans cette triste mission les fonctions d'aide de camp du général, fut grièvement atteint par deux balles.

Ma présence n'ayant plus d'utilité au quartier général, qui avait été abandonné, je me dirige vers le château pour prendre de nouveaux ordres, lorsque je rencontre le commandant F... qui me dit :

« C'est inutile. On se prépare à partir. »

Me joignant alors aux batteries qui ont pris position dans la cour, je monte le cheval d'un brigadier qui va s'asseoir sur un caisson, et j'attends.

On voit d'ailleurs que la situation devient de plus en plus critique. En proie à la plus grande émotion, le général Dumas, aide de camp de Louis-Philippe, se présente dans la cour et nous crie :

« Pour Dieu, Messieurs, sauvez
« le Roi ! »

Presque au même moment, un palefrenier à la livrée royale traverse au galop le Carrousel; il a quitté les écuries du Roi pour se diriger sur la grille du palais, lorsque son cheval est tué raide d'un coup de fusil.

L'infortuné, qu'on croyait perdu, vient à bout de se relever, et il court à la grille; mais il n'a pas fait quatre pas qu'un autre coup de feu l'étend raide mort près de sa monture.

Nous demeurons les témoins passifs de cet assassinat. Il nous est ordonné de ne pas tirer, et même de mettre de côté les écouvillons.

Nous ne devons également partir que lorsqu'il n'y aura plus de troupes aux Tuileries ni sur le quai.

Le mouvement s'opère en effet, dès que les troupes du quai se sont repliées vers la place de la Concorde, et dès que la garde d'honneur du palais a définitivement quitté son poste en passant sous le pavillon de l'Horloge et par le jardin.

Nous nous mettons alors en devoir de regagner la caserne de l'École militaire en passant par la rue du Bac. A peine la colonne est-elle à l'entrée de cette rue qu'un nouvel ordre du général Gourgaud fait faire demi-tour pour rentrer dans la cour des Tuileries et s'y remettre en batterie.

Le mouvement est rapidement exécuté, et la pièce arrivée la première en ligne (un obusier de 15 centimètres), chargée promptement à mitraille, va faire feu quand paraît le général Gourgaud s'écriant : « Ne tirez pas! »

Par le fait, cette mise en batterie n'est qu'un moyen d'en imposer aux insurgés, de les tenir à distance du château pour retarder l'envahissement. Le Roi, sa famille et sa suite auront le temps de gagner du terrain.

Probablement encore, dans le même but, on quitte la cour pour entrer dans le jardin en passant par le quai et par la grille, et on se met en bataille en avant de la pièce d'eau la plus rapprochée du palais.

Une demi-heure après, on rompt en colonne par section et on gagne la place de la Concorde par la grande allée du jardin.

Longtemps encore, on stationne sur cette place. Apprenant que la duchesse d'Orléans est à la Chambre des députés, et croyant la Régence sur le point d'être proclamée, on laisse un large intervalle entre les deux files de voitures pour faciliter la rentrée de la duchesse au Palais.

Cette précaution ne sert qu'à

laisser un large passage aux insurgés qui se dirigent vers le Palais-Bourbon. Plusieurs portent à la pointe de leurs baïonnettes des lambeaux d'uniforme et des objets d'équipement de la garde municipale. Beaucoup d'entre eux s'arrêtent à considérer nos pièces.

Un homme de quarante à cinquante ans, en casquette et capote bleue, qui paraît exercer un certain ascendant sur ses camarades, m'interpelle en ces termes :

« Ah ! vous vouliez nous saler.

— Si on l'avait voulu, on aurait eu beau jeu tout à l'heure, aux Tuileries.

— C'est une boîte à balles que vous avez dans cet obusier...

— Eh bien ! cela prouve qu'on ne l'a pas tirée.

— Oh ! c'est que je suis du métier, moi... Vous parlez à un ancien artilleur.

— Dans quel régiment ?

— Dans celui du colonel Bonnafos, à Strasbourg, en 1824.

— Nous y étions ensemble alors... »

Un quart d'heure après, mon homme, tout entier à ses souvenirs de garnison paraissait avoir oublié ce que le début de sa conversation pouvait avoir d'hostile. J'en profitai pour lui dire :

« Maintenant que le Roi est parti, je vous engage à faire rentrer vos camarades chez eux. » Et j'eus la satisfaction de voir le groupe qu'il dirigeait s'éloigner par le quai, sans suivre ceux qui se portaient du côté de la Chambre.

La place de la Concorde est, il est vrai, couverte de troupes de toutes armes. Le pont est bordé des deux côtés par une double rangée de soldats, mais personne n'a la consigne de s'opposer au passage des insurgés.

Pendant ce temps, des régiments d'infanterie passent sur la place, et regagnent leurs casernes, la crosse en l'air. Comme les batteries avec lesquelles je marche ne sont pas placées sous mes ordres, je profite d'un de ces régiments qui se rend à Vincennes pour cheminer en sécurité jusqu'au pont des Saints-Pères.

Quai du Louvre, je vois les insurgés traîner comme un trophée une pièce de campagne, conquête facile qui leur a sans doute été abandonnée par une de nos colonnes.

Sur le pont des Saints-Pères, mon sabre est demandé par un jeune homme de bonne mine, qu'un pareil spectacle a sans doute mis en goût. Je refuse énergiquement. Les curieux s'attroupent déjà, lorsqu'un officier vêtu en bourgeois (le commandant M....., professeur à l'École d'état-major), vient passer son bras sous le mien en disant: « Mon cher, permettez-moi de vous enlever à cette vilaine conversation. »

Et nous nous éloignons aux cris de *Vive l'artillerie!* qu'on pousse comme celui de *Vive la ligne!* à tout propos et sans trop savoir pourquoi, puisque son désarmement paraît être à l'ordre du jour.

RELATION

DU GARDE NATIONAL COSMÈNE

Celle-ci m'est arrivée par la poste, accompagnée des lignes suivantes :

« Monsieur Lorédan Larchey,
« Je vous envoie ce que j'ai vu et
« entendu comme simple garde na-
« tional dans la révolution de fé-
« vrier. Peut-être cela vous paraîtra-
« t-il bon à imprimer. En tout cas,
« je certifie sur mon honneur que ce
« que j'avance est vrai.
                    « Cosmène,
« 4, rue d'Armaillé, aux Ternes. »

Son grand air de franchise m'a paru lui mériter une place parmi nos petits chroniqueurs de 1848. Aucun n'eut plus de cœur dans une position plus modeste.

Le 24, ma légion, la 2ᵉ, a pris ligne tout le long de la place de la Concorde, faisant face au jardin des Tuileries pour protéger la sortie du roi. Il est parti par la petite porte du tunnel du bord de l'eau. Un fiacre attendait en face. En voyant partir le roi, cela a fait impression. J'entendais dire autour de moi : « Mon Dieu ! quel malheur ! c'est cet entêté de Guizot. Le roi aurait dû le mettre à la porte, et tout cela ne serait pas arrivé. Il perd la royauté et nous plonge dans un gâchis affreux. »

Puis, nous défilons sur la place Vendôme, dans les rues Neuve-des-Petits-Champs et Sainte-Anne. Il y avait des coups de fusil de tous les côtés. Nous prenons la rue des Pyramides en face le château des Tuileries. Il y a une place au bout de cette rue. A gauche se trouvait un poste du 74ᵉ de ligne qui se trouvait attaqué par le peuple. Me trouvant des derniers de ma légion, je sors des rangs et je m'écrie : « Allons au secours de ce poste. » Mais mon commandant, quand il a su de quoi il s'agissait, commande : Marche. Ne suivant pas cet ordre, je me porte au secours du poste en décidant deux camarades à venir avec moi. Je trouve l'officier à la porte en dedans du poste et ses hommes le fusil braqué contre le peuple. En me voyant, il me demande : « Venez-vous pour nous ou contre nous. » Je lui réponds : « Nous venons pour vous sauver. Et je dis au dehors : « Ce sont nos frères. »

Le peuple répond : « Nous voulons les armes. » D'autres criaient en parlant de nous : « A bas les épiciers ! »

A les entendre, tout garde national était épicier.

Je me retourne contre l'officier, je lui dis « Donnez quelques fusils, car vous savez que quand des masses s'assemblent, on se monte la tête. Il faut céder quelque peu. S'ils n'ont rien, il arrivera malheur. » L'officier me répond : « Pour donner mes armes, même une partie, je préfère mourir. — Moi : Cela presse, donnez au moins quelque chose. » C'est alors qu'un sergent dit : « Si nous donnions les cartouches. » L'officier acquiesce, et les cartouches sont jetées à la foule à mesure qu'ils sortaient du poste. Comme nous étions trois, je dis à un de prendre la tête pour protéger l'officier, le deuxième au milieu, et moi je suis resté jusqu'au dernier qui me dit : « Vous êtes un brave, vous nous avez sauvé la vie. Tenez ! voici mon paquet de cartouches. »

Une fois les militaires hors de danger, je vois des gardes nationaux massés, je me dis : « Voilà ma légion. » J'entre dans les rangs, et comme je me trouvais sous l'impression de ce que je venais de faire, je dis à mon voisin, sans regarder son numéro : « Eh bien ! je suis venu à bout de sauver tout le monde, voici un paquet de cartouches que le dernier m'a donné. Qui en veut ? »

A peine ai-je achevé, qu'un grand sec se met à crier : « C'est un mouchard, il faut le fusiller, » — en me menaçant de sa baïonnette. Je regarde mon homme, je dis : « Vous êtes fou. Vous ne me reconnaissez donc pas ? » Et je regarde autour de moi pour voir s'il n'y avait pas de connaissance. A ma grande stupéfaction, je vois tous ces gardes nationaux croiser la baïonnette. Le moindre mouvement, et je me perçais moi-même. Il leur est facile de me désarmer. J'avais beau dire : « Je suis de la

2ᵉ légion, 4ᵉ bataillon, 7ᵉ compagnie. Voyez mon schako. » On voulait me fusiller. Au nombre des curieux accourus pour voir ce spectacle, se trouve un de nos tambours qui dit : « Mais je le connais. Rendez-le-moi ! » Et je me retire libre en lançant un regard furieux à ce grand sec.

Une fois libre, j'entre au château où était ma légion, mais il y avait tant de foule, de peuple, de gardes nationaux, de militaires sans armes qu'on ne savait où aller. Je monte dans les appartements. Je vois des crapules qui tiraient des coups de fusil, l'un dans une glace, l'autre dans un tableau, l'autre contre une statue. Enfin c'était pitoyable de voir du peuple français agir comme des sauvages. Je descends au vestibule du côté du drapeau, je vois un officier, un colonel, je crois, assis derrière une espèce de bureau noir. Je lui raconte tous les dégâts, disant qu'il devrait faire fermer les portes et puis faire passer tout le monde entre deux haies d'hommes armés. Ce monsieur me répondant à peine, je remonte l'escalier et je rencontre trois jeunes gens de l'École polytechnique, je leur dis : « Messieurs, dans un moment pareil, vous avez du pouvoir. Agissez ! vous serez écouté. » Ils me répondent : « Eh ! Monsieur, agissez vous-même. Vous serez plus écouté que nous. » Je redescends près de l'officier, j'annonce que les jeunes gens des écoles le prient de nous aider à faire fermer les portes. « Faites-le vous-même ! » répond-il très-contrarié, voulant dire sans doute que c'était impossible à cause de la foule.

Un peu vexé de cette réponse, je

dis à un sergent qui était là : « Sergent, aidez-moi. Fermons toujours celle-ci. Vous vous mettrez derrière un battant et moi derrière l'autre. » Une fois à nos places, je crie : « Au feu ! au feu ! Messieurs, le feu est dans le château, retirez-vous ! » Et de suite, il fut possible de fermer. Je vais plus loin avec le sergent, criant : « Par ordre supérieur, laissez-nous passer ! » Je retrouve alors mon capitaine Lemaire, qui commençait à mettre un peu d'ordre en plaçant des hommes à chaque passage.

Pour moi, je me mis en faction au guichet de l'Échelle, disant bien haut que le vol était défendu et que rien ne sortirait. Heureusement, il me vint en aide des hommes honorables tels que charbonniers, forts des halles, qui m'ont dit : « Tout seul, vous n'êtes pas assez. Nous ferons l'affaire des voleurs. » Ce qui ne m'empêche point d'avoir le bras tordu et la main droite estropiée dans la lutte continuelle que j'eus à soutenir contre ceux qui voulaient sortir avec des paquets et des paniers. C'était comme un torrent. Si je ne fus pas écrasé, je le dus aux braves gens qui me donnaient un point d'appui.

L'argenterie du château fut ainsi sauvée et déposée au poste dont M. Waflard était capitaine. Aussi je recevais des compliments: « Brave garde national, disait-on, c'est bien ce que vous avez fait là. Courage! courage! »

Je ne laissai pas même sortir les bouteilles de vin que toute espèce de monde emportait. Il y en avait qui en avaient quatre. Alors ils les buvaient et donnaient à boire à ceux qui n'en avaient pas. Et puis on cassait les bouteilles. A côté de moi, il y en avait un tas d'au moins un mètre de haut. Dans les caves, il y avait des pochards ivre-morts. A chaque instant, il y avait des hommes qu'on emportait sur des brancards tout en sang, principalement des militaires. J'en ai vu un qui avait la moitié de la figure emportée par des verres cassés.

A cinq heures, M. Waflard me dit : « Vous êtes trop fatigué ; venez voir votre ouvrage. » J'avoue que je n'avais plus de jambes. Au poste tout était plein. Sans compter l'argenterie (il y en avait bien la charge d'un cheval), il y avait châles, habits, rideaux, robes, statuettes, bijoux, enfin un vrai bazar.

M. Waflard me donne un mot pour la mairie de la rue Drouot. Il demandait des hommes pour garder le trésor. On répond : « Il n'y a pas un homme à donner à Waflard. Qu'il fasse comme il pourra. » A mon retour, il avait déjà envoyé le trésor dans une pièce au drapeau; il était confié à la garde d'hommes du peuple armés. M. Waflard me donne un laisser-passer pour aller le reconnaître. Sur l'escalier, il y avait un homme pour trois marches. Ils se seraient fait tuer plutôt que de ne pas tenir leur serment. Il y en a qui savaient que c'était moi l'auteur de ce trésor : ils me portaient les armes.

Le lendemain, je suis commandé de garde dans un appartement du château qu'on m'a dit être celui de la reine Amélie. Il était occupé par une trentaine d'hommes dits *brigands de la Loire* et commandés par un chef de leur façon. Ces hommes sont redoutés;

leur façon d'agir leur mérite plus le titre de brigands de Paris que celui de brigands de la Loire. Il paraît que chaque appartement est occupé par ces messieurs : « C'est ici notre domicile, notre poste, disent-ils, nous l'avons gagné. Nous le garderons jusqu'à ce que l'on nous indemnise et place. »

On me met donc là de faction avec mon ami Lecomte pour passer la nuit et surveiller. Quand ils nous ont vu arriver, ils ont commencé par murmurer qu'ils n'avaient pas besoin de gardes pour les garder, que nous pouvions nous en aller. Je réponds que c'était impossible à cause de l'ordre que nous avions reçu. Alors, de suite, ils font deux camps, nous disant de ne pas nous mêler avec eux, que nous ne pouvions pas « frayer avec les brigands de la Loire. »

Mon ami et moi nous nous mettons dans un coin pour les examiner. Ils étaient habillés avec des habits volés, tels qu'habits de domestique, habits brodés, habits bourgeois avec pantalons à bande dorée ou argentée sur le côté, avec chacun une coiffure différente telle que casque, chapeau galonné, surtout chacun avait eu soin de trouver un rideau de soie ou une robe de soie de plusieurs couleurs pour s'en faire une ceinture.

Leur chef était en bourgeois avec un chapeau de général, des épaulettes en argent et un sabre à ceinture d'argent. Enfin c'était un homme déterminé, sa figure était pâle, sans barbe; il lui manquait deux dents devant. Ne riant pas, causant encore moins, même avec les siens, il était toujours aux aguets.

Seul, il avait un fauteuil, au milieu de la pièce. C'était son lit et son trône.

De chaque côté ses hommes reposaient sur de la paille qui jonchait le parquet; des bottes non déliées servaient d'oreiller.

La nuit, le chef veillait avec la moitié du monde. Le jour, il dormait sur son trône, pendant que son second était sur pied avec l'autre moitié.

Pour nous, nous avions une chaise de paille sur laquelle nous nous reposions l'un après l'autre. Celui qui restait debout se tenait à la croisée, prêt à demander du secours à nos camarades qui se tenaient au dehors.

Vers onze heures du soir, nous avons remarqué qu'un des leurs allait sortir et les autres lui avaient mis quelque chose sous son vêtement. Je me risque alors de dire qu'il ne fallait pas voler. Oh! alors, un orage d'injures vient sur nous. On me dit que si je ne me tais pas, on saura bien me fermer la bouche. La peur prend mon camarade; il m'empêche de parler davantage.

Le lendemain matin, mon ami et moi nous allons faire notre rapport dans une chambre au-dessus du guichet de l'Échelle, ajoutant qu'il fallait les renvoyer, que c'étaient des voleurs et des sales. Ils faisaient toutes leurs ordures dans une petite pièce attenante à la leur, ce qui sentait fort mauvais. Comme ils ne voulaient pas sortir, il fallait leur donner à manger et à boire. Aussi, de temps en temps passaient les personnes chargées de donner à manger. Je vous garantis qu'ils ne se laissaient manquer de rien. Ils avaient toujours des provisions en réserve, de peur de famine.

On nous prie de retourner à notre place pour ne pas donner

l'éveil du changement qui se préparait. Il avait été convenu que les grenadiers du bataillon viendraient nous relever à dix heures du matin, comme s'il s'agissait d'un poste ordinaire. Nos bonnets à poil arrivent en effet ; ils frappent à la porte, et le chef va ouvrir, croyant qu'on apporte des vivres. Mais à peine a-t-il vu le garde qu'il se met à crier en tirant son sabre : « A moi les brigands de la Loire! » En une seconde, tous ses hommes prennent les armes et couchent les gardes nationaux en joue. Ceux-ci avaient beau dire : « Vous devez être fatigués. Vous avez besoin de repos.

— Non! répondait le chef, nous resterons ici tant que nous n'aurons pas reçu notre récompense à tous : pensions, places ou argent. Il a fallu céder, et huit jours après, ils étaient encore là. »

RAPPORT D'UN ANONYME

Tout donne à penser que ce très-curieux fragment était destiné à faire partie d'un ouvrage plus complet. Les feuilles tombées entre nos mains ne portent ni nom ni signature.

Rapport sur les premiers jours de l'occupation.

Le jeudi 24 février 1848, à trois heures et demie, je me rendais à l'Hôtel-de-Ville, lorsque passant devant le guichet de Flore, un assez grand nombre de citoyens amis de l'ordre, vinrent me supplier de faire mon possible pour arrêter le sac et le pillage des Tuileries.

Je me suis de suite porté à la salle des Maréchaux et aux grands appartements du premier. Il y avait déjà quelque temps que j'employais des efforts à peu près inutiles pour arriver à mon but, quand un individu, paraissant bien connaître le chemin, me conduisit par des couloirs et des escaliers sombres aux appartements de Mme la duchesse d'Orléans. J'entrai d'abord par le salon Blanc où était le lit du duc de Chartres.

En entrant, j'ai trouvé quelques individus qui étaient parvenus jusqu'alors à empêcher d'entrer dans les appartements. Ce sont MM.... Ces deux derniers sont d'anciens employés au château. Un instant après moi sont arrivés MM....., lieutenants de la garde nationale. Ces messieurs m'ont aidé à réunir autour de moi un certain nombre d'hommes armés et disposés à nous seconder. Je les ai immédiatement placés en faction aux différents abords de tous les appartements avec des consignes sévères.

Au bout de quelque temps, la foule s'est portée de notre côté; mais, grâce à mon uniforme et à quelques paroles modérées et persuasives, nous sommes parvenus à la dissiper.

C'est alors que, profitant d'un moment tranquille, j'ai organisé régulièrement mon poste dont j'avais tout d'abord été élu le chef. Je me suis créé provisoirement un lieutenant, un sous-lieutenant, un sergent et deux caporaux, que mon poste a reconnus pour tels.

De cette manière, je prévenais tout désordre en cas d'alerte, et me trouvais sur mes gardes pour la nuit.

Pour éviter que la lumière des appartements n'attirât l'attention, j'ai fait fermer persiennes, doubles fenêtres et rideaux. De plus, il n'y avait dans chaque chambre qu'une seule bougie allumée, cachée derrière un paravent et ne permettant qu'une faible lumière dans les appartements.

Une fois ces premières dispositions arrêtées, je n'ai cessé de visiter les appartements de la duchesse d'Orléans, les seuls à peu près du château où l'on n'eût absolument rien enlevé ou dérangé ; encourager de plus mes sentinelles et mes hommes à bien se conduire, à ne pas souiller leur victoire par des actes indignes d'eux, et de la confiance qu'ils m'avaient inspirés, fut une chose dont je ne cessai de m'occuper.

Tous les vases et objets précieux, or, argent, bijoux furent cachés avec soin en différents endroits et particulièrement dans le cabinet de toilette de la princesse, au fond d'une baignoire et sous une table recouverte d'une nappe de dentelle.

Toutes ces richesses, qui étaient considérables, provenaient des appartements même de la duchesse, d'appartements du duc de Nemours où j'avais placé quelques hommes, et que je fus explorer moi-même plusieurs fois, enfin de dépouilles d'individus qui étaient fouillés par des hommes armés placés à cet effet. Nous avons ainsi recueilli une grande quantité d'objets d'or et d'argent qui, sans cette précaution, eussent été infailliblement perdus.

La nuit que nous avons passée ne fut pas sans inquiétude. Il y avait beaucoup de monde dans la rue de Rivoli, dans les jardins et le fossé du bas du bâtiment, brûlant du bois, des papiers, tirant des coups de feu et menaçant à chaque instant de nous envahir.

Nous avions aussi beaucoup d'hommes ivres et buvant continuellement dans les caves. Je chargeai M....., et quelques hommes sous ses ordres, d'aller les explorer. Nous fûmes obligés de nous y prendre à deux reprises différentes. L'entreprise était, en effet, difficile à exécuter, ces hommes étant armés et pouvant faire de leurs armes un usage funeste. Néanmoins, nous parvînmes à nous en débarrasser et à nous emparer de l'argenterie qu'ils avaient à leur disposition.

Dans la soirée, le général Courtais vint reconnaître mon poste et me donner les mots d'ordre et de ralliement. Je commandai alors moi-même une patrouille, et je reconnus que l'on avait voulu mettre le feu aux Tuileries en dehors de la grille. J'envoyai éclaircir le fait, et il n'y eut rien de sérieux, grâce aux soins actifs de M....... qui avait créé un poste de pompiers improvisés.

Nous avons eu trois alertes fausses pendant la nuit. La dernière, qui eut lieu à la pointe du jour, fut causée par les nouvelles boutiques du Carrousel, qui, de loin, avaient semblé aux sentinelles des troupes de ligne rangées en bataille. Du reste, malgré l'inquiétude générale, la nuit se passa assez tranquille.

M. Saint-Amand, capitaine de la garde nationale, nommé par le Gouvernement provisoire gouverneur général des Tuileries, vint assez tard dans la soirée. Il fit reconnaitre sa qualité, et, à partir de ce moment, je partageai avec lui le commandement général en remplissant, sous ses ordres, les fonctions de sous-gouverneur des Tuileries, jusqu'au jeudi 2 mars, à onze heures du soir, où, contre mon gré et la résolution de ne jamais quitter le poste que j'avais adopté, deux raisons majeures m'ont forcé à quitter mon uniforme.

Dans la nuit du 24 au 25 février mes sentinelles placées dans la chambre à coucher et le cabinet de toilette de la princesse, en se jetant sur un lit, crurent sentir quelque chose de caché sous le matelas. Ces hommes, qui sont les nommés ...., firent preuve de la plus grande discrétion et ne confièrent la chose qu'à moi. Le matelas relevé, je reconnus des portefeuilles contenant différents papiers que je ne voulus même pas parcourir, de peur de commettre une indiscrétion, mais qui me parurent être particuliers à la duchesse d'Orléans. Le lendemain j'ai confié la découverte à M....., garde national, qui eut le tort de s'occuper directement de ce qu'il fallait en faire, sans prévenir ni moi, ni M. Saint-Amand. Ce n'est qu'après sa première démarche à l'Hôtel-de-Ville qu'il me dit avoir été donné l'ordre de les y faire transporter. Alors croyant le commandant informé par lui de ce qui s'était passé, j'ai envoyé, sous escorte sûre, les papiers à l'Hôtel-de-Ville. Ce n'est que plus tard que j'ai su que le commandant n'en avait pas été instruit, et que lui et moi aurions pu être compromis par la conduite imprudente de M....., si ces papiers n'étaient pas arrivés intacts au lieu de leur destination.

25 février. — La journée du 25 février, vendredi, nous causa quel-

que inquiétude à cause de la foule qui s'est transportée aux Tuileries pendant la plus grande partie de la journée. Les appartements de la duchesse d'Orléans sont toujours restés intacts, mais des appartements du duc de Nemours, qui avaient été sauvés jusqu'alors, ont reçu quelques atteintes du pillage. Cependant on est parvenu à l'arrêter en grande partie au moyen d'une surveillance aussi active que possible.

La salle de spectacle a été faite évacuer plusieurs fois et les précautions étaient prises pour prévenir tout incendie qu'on aurait pu craindre, comme nous en avions eu l'alerte la nuit précédente.

La place a été fermée le plus tôt possible, et d'actives et fréquentes patrouilles ont été ordonnées pour maintenir l'ordre et prévenir toute tentative de vol.

Plusieurs individus sur lesquels différents objets volés ont été saisis, ont été renvoyés hors la place ignominieusement. Le soir, trois individus, et en particulier le nommé ....., soupçonnés par les citoyens de garde et armés, de jouer le rôle d'espions, ont été, par mes ordres, arrêtés et envoyés sous la garde des élèves de Saint-Cyr, formant un poste au pavillon de Flore, afin de les soustraire à la fureur populaire. Le lendemain matin, ils ont été relâchés, rien ne s'élevant d'ailleurs contre cette mesure.

26 février. — La nuit du 25 au 26 février s'est passée assez tranquillement. Des dispositions de sûreté furent prises, et l'on permit au public de visiter les grands appartements du premier. Grâce à la bonne disposition et aux instructions données par le commandant,

cette visite n'a amené aucun désordre.

Le soir, on m'a amené deux prévenus de vol, encore nantis des objets saisis. Je les ai fait conduire sous escorte à l'état-major, d'où ils furent le lendemain menés à la Préfecture de police.

A partir de ce moment, tous les voleurs et fraudeurs ont été remis entre les mains de la justice.

La nuit du 26 au 27 fut une nuit d'alerte, vu la (fausse) nouvelle qui nous avait été communiquée. Le général Trézel devait surprendre Paris entre minuit et deux heures du matin. Rondes, patrouilles, tout le monde debout et sur le qui-vive jusqu'à près de quatre heures du matin, où toute crainte avait disparu.

27 février. — Le lendemain, 27 février, deux voleurs furent encore conduits à la Préfecture. Les

Tuileries fermées pour le public, surveillance active, etc.

Un fourgon fut demandé et une grande partie des matières d'or et d'argent fut envoyée sous bonne escorte avec des élèves de l'École polytechnique au Trésor.

La même chose eut lieu les jours suivants jusqu'à quelquefois deux fois par jour, pour mettre en sûreté tout ce qui avait pu être recueilli en fait d'argent, or, bijoux et pierres précieuses, dont le dépôt se trouvait surtout dans la chambre à coucher de la duchesse d'Orléans..

Le récolement de toutes ces matières précieuses, lorsque le calme a été rétabli dans leur appartement, a eu lieu en présence d'élèves de l'École polytechnique, par MM............ dont le zèle et l'activité font honneur non-seulement à eux, mais aussi à ceux qui les ont délégués provisoirement. Un grand nombre d'objets précieux ont aussi été obtenus et apportés par différents chefs de poste dont on ne saurait trop louer la probité et le zèle patriotique.

Dimanche soir 27, vers neuf heures et demie, on est venu prévenir le commandant que, d'après une lettre anonyme, M. Jollivet, député que l'on recherchait vainement depuis jeudi 24, devait être enterré dans le sable, dans le jardin, du côté du pont tournant. Le commandant, s'étant transporté accompagné au bout du jardin, nous avons effectivement trouvé enterré dans le sable, M. Jollivet et deux autres victimes.

J'ai assisté aussi à la reconnaissance des blessures par les deux médecins en présence du commissaire de police des Tuileries. M. Jollivet avait reçu un coup de feu à l'aisselle droite et un second au haut de la cuisse gauche.

Une seconde victime avait la cuisse droite percée de part en part par une balle.

Le troisième avait la partie gauche du crâne fracassée par une balle.

La nuit assez tranquille. Rondes et patrouilles réitérées.

28 février, lundi. — Journée tranquille. Rondes et patrouilles pour saisir des individus soupçonnés de fraude et de vol. Récolement d'objets précieux, appositions de scellés en différents endroits. Pendant la nuit, rondes et patrouilles actives et répétées... uniforme quitté et repris.

Le soir, un ordre de chercher si dans quelques souterrains il n'y aurait pas d'individus renfermés depuis le jeudi 24. Visite du souterrain du bord de l'eau, des cuisines, etc. Résultat négatif, — découverte de conserves. Nuit du reste assez tranquille.

29 février, mardi. — Journée tranquille. Continuation des travaux de la veille, nettoiement des appartements, recherche d'objets, appositions de scellés par les soins de M..... et de M......, délégué du ministre de l'intérieur.

Nuit. — Rondes, patrouilles réitérées pour tâcher de saisir deux voleurs et en particulier le nommé L......

1ᵉʳ mars, mercredi matin. — Arrestation de L....., voleur. Son interrogatoire provisoire. MM. M..... D......, moi et un homme armé le conduisent à la Préfecture de police.

Continuation des travaux de la veille.

Nuit tranquille, rondes et patrouilles réitérées.

Jeudi 2 mars. — Continuation des travaux d'ordre, de récolement de différents objets et d'appositions de scellés.

Le service des vivres continue à être fait par des élèves de Saint-Cyr chargés par moi de ce travail.

Le service des postes est surveillé de même par M.... et des élèves de Saint-Cyr.

MM. G.... et L..... continuent de se montrer partout avec zèle et activité pour seconder autant qu'il leur est possible le gouverneur général, dont le service est à la fois pénible et délicat.

Dans la soirée, rien d'extraordinaire.

A onze heures, à mon grand regret, je me vois dans la nécessité de quitter mon uniforme et d'abandonner en d'autres mains mes fonctions aux Tuileries.

Promenade à travers le palais des Tuileries (février 1848)

..... Ce fut dans ces premiers moments que seul, me risquant à travers la foule bruyante qui ne me connaissait guère, je poussai une reconnaissance dans ces appartements métamorphosés en bivouacs et occupés par cette incroyable armée dont j'ai déjà eu occasion de parler. Un crayon, quelques papiers à la main, c'était du papier à lettre encadré de noir, car toute la cour était en deuil par suite du décès de Mme Adélaïde, je dressai pour ainsi dire un état de lieu que je n'ai presque qu'à copier pour donner une exacte idée de la situation du palais. En reprenant ces feuilles éparses, il me semble être encore au milieu de cette étrange scène qu'une si grande révolution me mettait à même de décrire.

Je commençai ma promenade par le péristyle du pavillon de Flore et le salon désigné sous le nom de *salon de stuc*. Le Roi y déjeunait souvent dans l'embrasure d'une fenêtre. De là il lui était facile de voir ce qui se passait dans la cour.

Cette pièce était décorée de deux portraits en pied. Celui du Roi était entièrement détruit; celui de la Reine des Belges, peint par Wappers, était percé, coupé, en plusieurs endroits, par des baïonnettes.

De cette galerie, une grande porte à deux battants ornés de glaces, conduit dans le premier antichambre des petits appartements de la Reine. La porte était presque entièrement brisée. Que de fois j'avais vu Marie-Amélie quitter le perron de cet antichambre pour monter en voiture avec les princesses ses filles et ses petits-enfants si heureux de se retrouver auprès d'elle.

Pour gagner le péristyle du pavillon du milieu, du pavillon de l'Horloge, je dus traverser l'oratoire de la princesse Marie, rempli de ses travaux de sculpture, les appartements de la princesse Clémentine, un petit gymnase que l'on avait disposé pour les jeux et les exercices des jeunes princes. Il me fallut marcher au milieu des ruines et des débris. Je demeurai quelques instants au milieu du péristyle, incertain du chemin que j'allais suivre !!!

En montant l'escalier moderne construit sur les dessins de Fontaine, je ne remarquai heureusement aucune trace de dévastation sérieuse. Il n'y avait que des vitres cassées. Les deux statues imitées de l'antique qui ornent le haut de l'escalier avaient souffert en quelques endroits. La porte de la chapelle était demeurée intacte. Il n'en avait pas été de même pour d'innocents instruments de musique laissés dans la galerie. Ils étaient brisés.

La chapelle avait été respectée. Seulement elle était remplie de meubles, de banquettes, de fauteuils, entassés les uns sur les autres.

J'avais eu beaucoup de peine, deux jours avant ma visite, à faire comprendre à deux ou trois rodeurs que j'avais rencontrés pendant une ronde matinale, qu'il était barbare de vouloir tirer des coups de fusil, ou lancer des coups de baïonnettes dans le tableau qui ornait le maître-autel. J'y parvins cependant. Or, ce tableau est de Prudhon; il représenté une assomption de la Vierge et avait été commandé au célèbre artiste par Napoléon. Aujourd'hui il orne l'un des salons du Louvre peu riche en œuvres de ce maître. Je n'ai pas trop compris pourquoi on l'avait déplacé puisqu'on avait eu le bonheur de l'arracher à la destruction.

Près des tribunes hautes de la chapelle sont deux salles. L'une qui précède l'entrée de la salle de spectacle et que l'on appelle *l'antichambre des travées;* l'autre, *la salle des travées.*

Dans la première, le mobilier avait été détruit, tous les carreaux étaient cassés; dans la seconde, on ne trouvait plus un siége; les rideaux, les bronzes étaient arrachés. C'était avec ces rideaux, produits remarquables de l'industrie lyonnaise, que l'on s'était fait des écharpes, des ceintures, des brassards,

C'est dans l'antichambre de la *Salle des travées* que M. Winterhalter, le peintre ordinaire de la famille royale, travaillait au portrait de la princesse Clémentine, duchesse de Saxe-Cobourg, et de ses enfants, au moment où la révolution éclata.

La pièce qui vient ensuite était l'antichambre de la galerie Louis-Philippe. On y remarque un plafond sculpté qui vient du château de Vincennes et qui n'a subi aucune atteinte.

La galerie Louis-Philippe prend ce nom, sans doute, d'un bas-relief d'une très-médiocre exécution, qui existe au-dessus de la cheminée. Il représente Louis-Philippe à cheval marchant au milieu des pavés des barricades de 1830.

A l'une des extrémités de cette galerie sont deux statues : l'une de Lhopital, l'autre de d'Aguesseau. Elles furent aussi bien conservées que celle de *l'Abondance*, exécutée en argent massif, placée à l'autre extrémité, sur le socle de laquelle on avait collé un écriteau avec ces mots écrits à la main : *Statue de la paix.*

Sur les glaces on lisait :

Maison du peuple!...
Maison à louer...
Vive la réforme!!

Le bas-relief de la cheminée avait été presque entièrement détruit par les balles dont il avait été criblé. Sur quelques parties on avait tracé avec du charbon ces mots : « Dumoulin... je lui ai f.... le 1 c... »
Vive la République!

et au-dessous : « *La colère du peuple est la leçon des rois...* »

Une pendule fixée dans la plinthe de la cheminée avait été brisée probablement par un coup de feu.

Dans une petite pièce située à côté et appelée salon de la Colonne, était un modèle en bronze de la colonne de la place Vendôme. On en a enlevé la statuette qui la terminait.

Le salon des Maréchaux avait été le théâtre spécial d'une plus grande quantité de désordres et de dévastations. Voici la note que j'écrivis en présence des mutilations exercées sur les toiles rappelant les traits de nos illustrations militaires et maritimes :

Maréchal Sébastiani, crevé ;
Maréchal Lobeau, troué ;
Amiral Truguet, troué ;
Maréchal Grouchy, troué ;
Comte d'Erlon, quelques trous ;

Maréchal Bugeaud, la toile avait été entièrement déchirée ;

Maréchal Soult, traité comme le maréchal Bugeaud ; on avait de plus tracé cette ligne avec du charbon : *Traître à la patrie.*

Duc de Reggio, deux trous ;

Maréchal Maison, quelques déchirures.

Parmi les bustes qui ornaient le bas de la salle, on avait noirci le nez d'un buste du général Espagne, cassé celui du général Joubert.

Dans la galerie-balcon qui fait le tour de cette vaste pièce, des glaces étaient cassées et plusieurs bustes étaient abîmés. Je citerai ceux de Suffren, Conti, Tourville, Vauban, Coligny, Foy, Lefebvre, Perignon, Serrurier.

On avait dû tirer nombre de coups de fusil dans cette pièce. Car il y avait plusieurs balles dans le plafond,

Le salon Blanc ou salon de Louis XIV, à cause d'une petite statue équestre en bronze de Louis XIV, vient ensuite. Une balle était dans une glace, et au-dessous ces vers :

Plus d'une fois un monarque hypocrite
Dans ce miroir se regardait content.
Le peuple enfin lui fit prendre la fuite
Pour gouverner un peuple triomphant.

On voyait aussi, à côté de ce quatrain, ces mots qu'on traçait partout : *les voleurs sont punis de mort.*

Tout avait été respecté dans le salon d'Apollon, les peintures, les sculptures, les vases, les bronzes. Cette pièce formait un pénible contraste avec celle du Trône où la foule s'était portée de préférence, où tout était arraché, broyé, souillé de boue. Le velours du baldaquin avait été réduit en milliers de morceaux. Quant au trône, on sait quelle fut sa destinée!... Il ne restait enfin dans cette salle qu'un lustre de cristal qui ne fut point cassé et le baldaquin du trône avec ses broderies magnifiques qui dataient d'une autre époque et ses glands en vermeil, glands qui avaient été faits à Rome, et dont, dans le premier moment, on ne connut pas la valeur.

Les murs dépouillés de leur riche tenture offraient une vaste place aux amateurs de dessins et d'inscriptions. Là on voyait une grande Liberté au-dessous de laquelle on avait écrit : *La France républicaine a reconquis sa liberté et aboli l'infâme royauté aux 22, 23, 24 février 1848.*

Sur d'autres places on lisait :

La salle du cy-devant trône...

Honneur au courage national..,
Lecomte
Victor Juge
Nice...
                .. Vive la Pologne
                    id. la Suisse
                    id. la liberté
                    des peuples.
... A bas les tyrans
Vive la République
Chaville
Renault
Respect aux propriété nationale
    Objet d'art conquis trois fois..,

Cette dernière inscription était

placée dans un cercle. Comme beaucoup d'autres, elle est restée une énigme qu'il ne m'a pas été possible d'expliquer. Elle indiquait peut-être des projets de conquête de la part de quelques-uns des envahisseurs.

Les deux dernières pièces de cette longue suite d'appartements qui donnent sur la cour, le salon de Louis XIV et la galerie de Diane, cette dernière consacrée aux repas, l'autre dans laquelle on venait prendre le café, étaient, je l'ai dit, parfaitement conservées. Leurs peintures remarquables avaient été respectées. Je ne remarquai dans le salon Louis XIV qu'un trou fait par une balle dans le beau tableau de *Philippe V*, peint par Gérard.

Dans la galerie de Diane une glace avait été cassée, mais il n'était arrivé aucun malheur à deux magnifiques candélabres en cristal qui devaient être d'une grande valeur. Ils avaient été donnés dans d'autres temps à Louis-Philippe par le roi de Hollande.

De la galerie de Diane une porte ouvrait sur la salle des huissiers, pièce qui commence la suite des appartements donnant sur le jardin. Tous étaient occupés, mais ils ne furent pas saccagés comme ceux qui leur étaient adossés. Dans la salle du conseil un seul tableau fut détruit entièrement. C'était un paysage d'Auguste Lacroix. Il représentait, autant que je puis me le rappeler, *une procession de village*.

Dans la pièce désignée sous le nom de salon de Brocard, un tableau représentant l'intérieur de Saint-Étienne-du-Mont, tableau peint par Renou, avait été troué; dans l'ancienne bibliothèque, qui avait été, sous l'Empire, le cabinet de Napoléon, des vases étaient cassés; dans le salon de famille se trouvait un buste de la duchesse d'Aumale qu'on avait trouvé moyen de tatouer avec de l'encre et des pains à cacheter.

www.ingramcontent.com/pod-product-compliance
Lightning Source LLC
LaVergne TN
LVHW020955090426
835512LV00009B/1917